Walter Ehrlicher

Gedankenvoll und Zeitvergessen

Über das Buch: Es entstand in einer Zeit, als „Corona" unser Leben und unsere Gesundheit auf eine starke Probe gestellt hat. Einer Zeit, in der so viele begannen, wieder einmal über sich selbst, beziehungsweise auch über ihr Verhalten in Bezug auf ihre Lebenseinstellung nachzudenken. Viele, vor allem ältere und kranke Menschen, mussten ihr Leben lassen. Aber auch jüngere fanden den Tod. Das Anfangsgedicht „Gedankenvoll" und das Schlussgedicht „Zeitvergessen", sind in dieser Phase entstanden.

In der Poesie liegt mehr

Wahrheit als in der

Wissenschaft

Adolph Kurt Böhm

Bibliografische Informationen der Deutschen
Nationalbibliothek: Die Deutsche Nationalbibliothek
verzeichnet diese Publikation in der Deutschen
Nationalbibliografie; detaillierte bibliografische Daten
sind im Internet über dnb.dnb.de abrufbar.

Herstellung und Verlag BoD -Books on Demand,
Norderstedt

ISBN: 9783751900133

Gedankenvoll

Gedankenvoll, mit großen Sorgen,
Zeigt uns die Welt ihr böses Spiel,
Und unser Blick, auf heut und morgen,
Verblasst im Fokus jedes Ziel.

Und was gegolten, noch vor Tagen,
Was uns getrieben, über`s Jahr,
Zerfällt in Fragen über Fragen,
Weil wir so hilflos, offenbar.

Weil wir, unendlich tief im Sog,
Gefangene des Wohlstands sind,
Und vielen doch ihr Monolog,
Zur Falle wird, im Labyrinth.

Zur Einbahnstraße ihres Lebens,
Die Umkehr, die wir nie besessen,
Unendlich viel scheint uns vergebens,
Und was uns bleibt ist Zeit vergessen.

Für Mutz

Die Blaue Blume

In voller Blüte steht im Feld,
Im Korn die Blume blau und zart,
Des Windes Spiel sie sanft umgarnt,
Grad wie sie uns von Gott bestellt.

Mit ihrem schlichten blauen Kleid,
Mit ihrem Stiel, der schwankt im Wind,
So unscheinbar wirkt dieses Kind,
Vertieft in wahrer Einsamkeit.

Und doch strahlt sie, wie ein Gewinn,
Die Kraft des Schönen, Guten wider,
Blick ich dann aufrecht zu ihr nieder,
Erschließt sich mir des Lebens Sinn.

Vergänglichkeit

So wie eine Blume welkt im Glas,

So wie ein Käfer stirbt im Gras,

So wie ein Gletscher schmilzt und rinnt,

So wie ein Blatt verfliegt im Wind,

So wie ein Holzscheit brennt und glimmt,

So wie das Leben doch verrinnt,

So stimmig ist Vergänglichkeit,

So endlich das, was uns hier bleibt.

Staub

Aus Staub entsteht ein neuer Stern,
Erliegt sich in Unendlichkeit,
Verglimmt, verpufft, verglüht,
Und endet doch in Raum und Zeit.

Aus Staub entsteht ein neues Leben,
Erliegt sich in Unendlichkeit,
Geboren, gelebt, geliebt, gestorben,
Und endet doch in Raum und Zeit.

Aus Staub entsteht Magie des Seins,
Erliegt sich in Unendlichkeit,
Und alles Mächtige im All,
Ist Staub für Neues und bereit.

Die Sonne

Der Sonne ist es gar egal,

Ob Wolken trüben ihren Schein,

Und wir als Menschen haben die Wahl,

So wie der Sonnenschein zu sein.

Drum trüb dir nie, den schönen Tag,

Erhell`s Gemüt zu deinem Fest,

Auch wenn es trist mal kommen mag,

Die Sonne macht für dich den Rest.

Ein Wiesenstrauß

Ein Wiesenstrauß, von bester Güte,
Mit Blumen voll von Sommerduft,
Ein Wohlgeruch liegt in der Luft,
Es grüßet dich die schönste Blüte.

Gepflückt im Felde, leis und sacht,
Den Platz auf deinem Tisch gefunden,
Erfreut der Strauß, in vielen Stunden,
Dein Herz mit seiner schlichten Pracht.

Und welkt er auch nach Tagen dort,
Kein Kummer mag dich jetzt umschleichen,
Denn draus am Felde, bei den Eichen,
Blüht schillernd bunt, der Strauß hinfort.

Regentag

Wie behaglich mein Vernehmen,

Draußen prasseln dicke Tropfen,

Und gemütlich dem Benehmen,

Lass ich sie ans Fenster klopfen.

Manche spritzen, ziehen Ränder,

Nehmen Platz an meinem Fenster,

Rund, oval sind die Gewänder,

Triefen, springen wie Gespenster.

Zeigen mir im schönsten Tanze,

Eine Pracht das Regenspiel,

Und der Trübsal wird zum Glanze,

Weil auf mich der Regen fiel.

Die Mühle am Elbe Strand

Strom im Norden, zieht durchs Land,
Blaugrau wie ein Wolkenband,
An den Ufern feinster Sand,
Dort wo einst die Mühle stand.

Längst sind Schatten, die sie warf,
Nur im Geiste zu erahnen,
Zieh`n doch heute schnelle Schiffe,
Dort im Wasser ihre Bahnen.

Und die Alten, die geblieben,
Hören die Mühle leise surren,
Hören ihr Knarzen, hören ihr Wiegen,
Nehmens hin, ohne ein Murren.

Strom im Norden, zieht durchs Land,
Blaugrau wie ein Wolkenband,
An den Ufern feinster Sand,
Dort wo einst die Mühle stand.

Verschenkte Zeit

Sonnenuhren schreiten leise,
Werfen Schatten, werden Zeit,
Menschen schreiten, selten weise,
Werfen Schatten, vergeuden Zeit.

Lasset uns die Kunst erbringen,
Unsrem Dasein Weile schenken,
Sich zum Müßiggange zwingen,
Unsrer Zeit die Bahnen lenken.

Viele Tage, die vergeudet,
Deren Momente nie gewonnen,
Nie gelebt für uns bedeutet,
Jäh verschenkt und so verronnen.

Die Rinde

Beschützt von einer Rinde,
Ist Geist und Seele tief,
So fest ist das Gebinde,
Dass ich zur Wehr mir rief.

Und härter von den Jahren,
Und stärker als das Schwert,
Wird sie mich doch bewahren,
Mein Schutz der nie zerstört.

Kein Pfeil, noch Messers Klinge,
Durchdringet diesen Reif,
Behütet meiner Dinge,
Prallt ab im hohen Schweif.

Nur Liebe mag gelingen,
Was Bösem wird verwehrt,
Und kann durch sie eindringen,
Sie ist des Höchsten Wert.

Der ewige Zauber

Über Wipfel pfeift der Wind,
Flocken weh`n dir kalt aufs Haupt,
Flocken die wie Stacheln sind,
Winter ist`s, der uns beraubt.

Ob der Blüten, die im Garten,
Ob der Töne, die wir pfeifen,
Den Gefühlen, diesen zarten,
Keine Früchte, die mehr reifen.

Und verhüllt sind all die Bäume,
Mit der Last die sie jetzt tragen,
Feuer wärmt nun kalte Räume,
Äste die ans Fenster schlagen.

Doch ein Zauber wohnt im Eise,
Der es brechen, schmelzen kann,
Zieht der Frühling still und leise,
Uns doch bunte Kleider an.

Kinderjahre

Ein warmes Licht traf meine Seele tief,
Und zauberhaft schien mein Behagen,
Drang ein in mich, als ich noch schlief,
Durchströmte mich bis in den Magen.

Es strahlte warm und immer wieder,
Und hinterließ in mir ein Wohlgefallen,
Durchströmte Herz, den Geist, die Glieder,
Verbreitete sich treu in allem.

Das Licht, das mich so traf im Schlaf,
Die Kinderjahre, die mir nie vergangen,
Vor ferner Zeit, ich jung und brav,
Welch Glück, dass sie mich eingefangen.

Von Anbeginn bis in den Tod

Wir sehen es nicht, wir spüren es nur,

Man lebt in seiner Stille,

Und unaufhaltsam schlägt die Uhr,

Wie ungebrochen doch der Wille.

In Gottes Händen du gebettet,

Von Anbeginn, bis in den Tod,

Ach wirst du nur von ihm gerettet,

Die Hoffnung zieht ins Abendrot.

Verflüchtigt sich am Horizont,

Nur Schatten deiner selbst am Feld,

Der Lebenstraum noch bei dir wohnt,

Bist du von ihm schon auserwählt.

Dasein

An seidenen Fäden, dein Leben gehangen,
Durch dunkelste Täler, mit Vorsicht gegangen,
Mit Umsicht und Glück, zum Ziele gelangen,
Den Kindern die Zukunft, ein stetiges Bangen.

So ist unser Dasein, ein Wandeln im Jetzt,
Mit Hoffnung im Herzen, die Schritte gesetzt,
Mit Liebe und Güte, dein Leben vernetzt,
Du Wunder des Seins, dich nie unterschätzt.

Wertestreben

Lauf des Lebens, Lebenslauf,
Wie verschlungen deine Wege,
Mal ganz unten, obenauf,
Breite Straßen, enge Stege.

Oft bestimmt ein Flügelschlag,
Deines Lebens Ziel und Bahn,
Angst vor dem was kommen mag,
Bleibst Du des Schicksals Untertan.

Fest auf Kurs, hältst du dein Steuer,
Stürmisch wogt manch schlechtes Jahr,
Das was bleibt, vernarbt dich teuer,
Wenig bleibt, so wie es war.

Ja so ändert sich dein Leben,
Ob zum Guten oder Schlechten,
Bleibt im Grunde nur ein Streben,
Nach den Werten, nach den Echten.

Frieden

Oh Menschheit, die es nie begreift,

Des Friedens unter all den Völkern.

Selbst der Samen, welcher reift,

Vermag die Schwerter niederbeugen.

Religionen, die so einzig,

Auserkoren großer Macht,

Können vielmals nur bezeugen,

Was doch Gott für uns erdacht.

Glücksmoment

Wenn ein Augenblick deinen Gedanken prägt,

Und Schönheit diesen endlos trägt.

Wenn Eindrücke zu Bildern reifen,

Und Augen über Landschaft schweifen.

Dann sei's gewiss und dir beschieden,

Ein Glücksmoment, ein kurzer Frieden.

Pflücke den Tag

Pflücke den Tag, wie Früchte von Bäumen,

Lese die Stunden, wie Trauben vom Stamm,

Nimm dir die Zeit, in Stille zu träumen,

Möge Dir`s Glück, die Jahre noch säumen.

Pflücke den Tag, mit all Deinen Lieben,

Schar sie um Dich, wie Lämmer am Feld,

Jeder von ihnen, so gern doch geblieben,

Ist´s doch Familie, die einzig und zählt.

Freundschaft

In jeder Freundschaft ruht Vertrauen,
So ist das Feld doch gut bestellt,
Zusammen stehen, rückwärts schauen,
Ein guter Rat, der vielmals zählt.

So mag uns Freundschaft treu begleiten,
Und weiter hold, zu unserem Glück,
Von guten Mächten, die uns leiten,
Ist Freundschaft doch ein edles Stück.

Lebensähren

So wie die Ähre wiegt im Wind,

Sich neigt im Felde immer wieder,

Wir Menschen ähnlich ihr doch sind,

Geht es mit uns doch auf und nieder.

Doch erst der Herbst mit seinen Pracht,

Mit seinen Farben, die wir lieben,

Die Ernte bringt, die nun vollbracht,

Die in uns tief, im Herz geblieben.

Für Jürgen

Die Reise der Liebe

Wenn Träume nach ersehntem Glück,

So viele Jahre überdauern,

Gefühle stetig, Stück um Stück,

Das Fest der Liebe untermauern.

So reisen Seelen, schlagen Herzen,

Durch die Zeiten, durch den Raum,

Überwinden Lebensschmerzen,

Leben glücklich ihren Traum.

Denken gleich, fühlen gemeinsam,

Verschlingen sich in Sympathie,

Sind im Geiste niemals einsam,

Ist`s doch Liebe, endet nie!

Für Theresia und Günter

Burg Rheineck

Was thronst du so mächtig, des Rheins erhoben,

Du Schönheit des Alters, im Grünen dort droben.

Was zogen doch Schiffe, vorbei dort am Pier,

Fluss auf und Fluss ab, und huldigten dir.

Du Fels der Geschichte, aus Steinen erbaut,

Genügsam ertragen, zum Flusse geschaut.

Der Menschen Geschichte, mit Anstand ertragen,

Kein Jammer, kein Stöhnen, kein Wort hinterfragen.

Und deiner Besitzer, in Treu bist ergeben,

Sie wechseln doch stetig, du bleibst, so ist`s Leben.

Klavierspiel

Wenn Tasten lieblich angeschlagen,
Den Raum mit sanftem Klang verhüllen,
Und Melodien Wünsche tragen,
Die Noten uns mit Leben füllen.

Entführen sie uns, ganz im Geheimen,
Zu Orten, die der Sehnsucht nah,
Manch Träume in Gedanken keimen,
Auf das was einst und gestern war.

Entschwinden wir, durch diese Klänge,
In Welten die uns Freuden bringen,
Entflogen ist des Lebens Enge,
Wenn uns Klaviere Lieder singen.

Am Meere

Meine liebsten Augenpaare,

Ergötzen sich am blauen Meere,

Und aller Last entflieht die Schwere,

Den Augenblick ich mir bewahre.

Leuchtend bunt, so wie ein Bild im Rahmen,

Fügt ein sich der Moment zum Ganzen,

Und Wellenkronen, die nun tanzen,

Lassen Unendlichkeit bei Gott erahnen.

Olivenbaum

Knorrig deiner Anmut Schein,
Auf des Hains in grüner Au,
Magst von Licht beschienen sein,
Winde liebest Du so lau.

Grün und dunkel deine Frucht,
Von den Ästen man sie klaubt,
Voll behangen, gut betucht,
Deiner Schätze wirst beraubt.

Und des Saftes, der gewonnen,
Durch des Mühlstein stetig drehen,
Edles Öl, das so geronnen,
Weckt im Gaumen ein Verstehen.

Kastanien

An den Bäumen reift des Sommers,

Die Kastanie braun und fein,

Und geschützt von ihren Stacheln,

Mag die Frucht behütet sein.

Erst im Herbst so öffnet diese,

Wenn zu Boden fällt im Wind,

Und im Gras der braunen Wiese,

Dutzende von ihr schon sind.

Morgenstimmung

Wenn morgens über Bergeshöhen,

Ein Strahl von Sonnengnaden.

Mich sanft ereilt, will mich verwöhnen,

Und Wärme lockt mich sonnenbaden.

Erweckt den Geist, so sei´s beschieden,

Springt auf mein Herz, mit frischem Mute.

Mit mir im Reinen, gar zufrieden,

Und alles reift den Tag ins Gute.

Heimat

Ein gutes Gefühl mag in uns liegen,
Doch ist`s ein Ort der uns benannt?
Ein Dorf, die Stadt im großen Land?
Mit Gold und Geld nicht aufzuwiegen.

In all der Ferne meiner Pläne,
In all der Zeit die ich vergeude,
Schwingt ein Gefühl der tiefen Freude,
Sobald ich mich nur nach ihr sehne.

So reist sie fest in meiner Brust,
Als Zufluchtshort des eignen Lebens,
Und allem Bemühen nie vergebens,
Bist du mir Heimat stets bewusst.

Claude Monet

Von des Farbenspiels benommen,
Trunken voll der Impression,
Ist des Geistes hehrer Lohn,
Diese Kunst, die so vollkommen.

Bilder wie von Gott beseelt,
Nie ein Strich dem andern gleich,
Alle doch der Farben reich,
Keines seine Kunst verfehlt.

Blumenzauber, Kinderlachen,
Bälle, Tänze, Mühlenflügel,
Logendamen, sanfte Hügel,
Lebenslust mag uns entfachen.

Steine

Und das Meer beginnt zu wogen,
Wellen spülen Gischt zum Strand,
Steine spült es sanft an Land,
Steine die so weit gezogen.

Rollend werden sie getrieben,
Formen sich zu Kreis und Rund,
Ausgespien vom Meeresgrund,
Bleiben sie am Strande liegen.

Und das Meer beginnt zu wogen,
Wellen fluten aller Erden,
Steine malmen, Sand zu werden,
Steine die ins Meer gezogen.

Sandkörner

Wenn Sand durch unsere Hände rinnt,

Als wäre er des Daseins Trieb,

Und Korn für Korn den Lauf bestimmt,

Ist jeder Tag des Lebens Sieb.

Der Sand verflüchtigt, ja verrinnt,

Und gleitet durch die kleinsten Spalten,

Wenn auch die Formen ungleich sind,

Ist er mit Händen nicht zu halten.

Dies zu erkennen, ein Gewinn,

Dem Fluß des Lebens Lauf zu lassen,

Gleichwohl manch Korn im Sand dahin,

Des Menschen Kunst, dies zu erfassen.

Nebel

Des Nebels feuchtes Kleid,

Umhüllt die Landschaft sanft,

Wo ihr wohl alle seid?

Kein Baum ist zu benennen,

Kein Bach, kein Strauch so weit und breit,

Nur Nebelschwaden rennen.

Nur Nebel zu erkennen.

Und doch ist dieser trübe Schein,

Auf Silhouetten die ins Grau gestrahlt,

Der Fantasie ein Stelldichein,

Von Bildern die schwarz weiß gemalt.

Treibholz

Die Platane, die am Ufer,
Stolz erhoben, stand am Meer,
Mußt ergeben sich dem Schicksal,
Bricht im Winde, steht nicht mehr.

In den Fängen weißer Wogen,
Schaukelt sie im Wellenkamm,
Wird doch weit hinaus gezogen,
Ihre Reise erst begann.

Immer tiefer sie umspült,
Aller Äste längst beraubt,
Und ihr Ende, das gefühlt,
Keine Zukunft mehr erlaubt.

Ausgespien eines Tages,
Von des Meeres mächt`ger Laune,
Strandet just an jenem Orte,
Wo sie stand, man hör und staune.

Und vorbei der ganze Stolz,
Die sie thronte doch so sehr,
Übrig blieb nur totes Holz,
Ohne Leben, liegt's umher.

Klöster

Abgeschieden hinter Mauern,
Herrscht ein Leben trist und karg,
Dort wo Stunden Tage dauern,
Und manch Mythos sich verbarg.

Selbstlos treu, ein Gott gelingen,
Strenger Ritus prägt das Leben,
Abkehr von den weltlich Dingen,
Wird die Kraft durch Gott gegeben.

Klöster waren Zufluchtshorte,
Vieler Menschen die geschunden,
Da wo einst Verfolgung drohte,
Wurde Trost und Ruh gefunden.

Heute ist das Klosterleben,
Abgeschieden hinter Mauern,
Vieler Menschen kein Bestreben,
Mag der Mythos überdauern.

Das alte Boot

Das alte Boot durchs Meer gezogen,

Durch Sturm und Wind, samt hohen Wogen.

Jahr ein Jahr aus, in treuer Pflicht,

Zu neuen Ufern, neuer Sicht.

Doch Meer und Wellen nagen schweigend,

Ein auf und ab, im Wasser treibend.

Dass gänzlich altert, gutes Holz,

Und leis verblasst der einste Stolz.

Nur Farbe hält noch bunt entgegen,

Zu Ende geht ein nasses Leben.

Sonnenkinder

Sonnenkinder stehen in Reihen,
Dort im Licht am Wiesenhain,
Sonnenblumen gelb und fein,
Kinder sind`s vom Sonnenschein.

Kinder die im Felde spielen,
Mit der Sonne ziehen einher,
Mit Geschwistern, diesen vielen,
Ringsherum im Blumenmeer.

Keines scheint dem anderen gleich,
Wiegen sich im Sommerwind,
Ihre Blüten, zart und weich,
Da sie Sommers Kinder sind.

Nimm ein Kind mir dann zur Seite,
Sacht und sanft, pflück ich es mir,
Ihm den Platz bei mir bereite,
Sonnenkind, du schönste Zier.

Schwalben

An den Häusern Nester kleben,
Lehm ist deren ganzer Halt,
Sieh nur wie sie nieder schweben,
Einen Frack zur Wohlgestalt.

Schwalbenschwänze sind im Orte,
Ein Gezwitscher frohen Klingens,
Sind es doch der Schwalben Worte,
Dieser Reigen frohen Singens.

Und im Herbst bereit zum Zuge,
Übers Meer ins warme Land,
Aufgereiht für diesen Fluge,
Starten sie im Losverband.

Hoch hinauf, die Luft noch linde,
Tief hinab durch Täler, Schluchten,
Oft verstarb im rauen Winde,
Eine der schon sehr betuchten.

Mag den Schwalben ihre Reise,
Gut gelingen aller Schar,
Um zurück auf gleiche Weise,
Seid willkommen Jahr um Jahr.

Ginsterblühen

Vor meinem Haus der Ginster gelb erblüht,

Wie Jahr und Tag zur selben Zeit,

Und ich noch zögernd im Gemüt,

Vom Dunkel doch schon bald befreit.

So heftig mag´s mich überkommen,

Dass mir die Freude anzumerken,

Ob dieser zarten Frühlingswonnen,

An allen Enden buntes Werken.

Vor meinem Haus der Ginster gelb erblüht.

Das Feldkreuz

Am Wegesrand, zwischen den Bäumen,
Ein Feldkreuz steht, auf schönstem Flur,
Und Butterblumen es umsäumen,
Verwoben fast mit der Natur.

Kaum zu erahnen, was geschrieben,
Weich das Holz, auf morscher Wand,
Ist ein Leben doch geblieben,
An der Stelle man ihn fand.

Wars ein Bauer bei der Mahd?
Wars ein Knecht bei Blitz und Donner?
Wars für ihn die letzte Saat?
Wars für ihn der letzte Sommer?

Niemand weiß mehr von dem Schicksal,
Das geschehen vor ew'ger Zeit.
Keiner kennt des Jahres Zahl,
Keiner weiß des Menschen Leid.

Nur ein Feldkreuz ist geblieben,
Mahnmal uns, zur höchsten Acht,
Wie geschwind ist man verschieden,
Hat der Tod uns selbst bedacht.

Die Kinder von Yad Vashem

Ich weine eure Tränen,
Ich spüre eure Trauer,
Ich mag mich bei Euch sehnen,
Für jetzt und auch auf Dauer.

Die ihr so sehr gelitten,
Kein Ausweg schien bereit,
Kein Flehen, noch kein Bitten,
Zu Ende eure Zeit.

Nie vergessen heißt vergeben,
Doch vergeben heißt verzeihen,
Alle Schuld in unserem Leben,
Jahrtausende bereuen.

Stille am See

Still ist es um mich herum,
Kaum ein Lärm ist zu vernehmen,
Sitz ich da, und schau mich um,
Fern von all den Weltproblemen.

Fern von Alltag, Hektik, Zeiten,
Nur die Ruhe rings umher,
Mag mein Geist sich hier verbreiten,
Gedankenvoll im Träumemeer.

Und mein Blick mag ziellos schweifen,
Endet kaum am Horizont,
Neue Taten, die zum Greifen,
Neuer Geist, der in mir wohnt.

Die Symphonie des Lebens

Und alles ist vorherbestimmt,
In unserer Lebenssymphonie.
So wie ein Lied noch feurig glimmt,
Verstummt abrupt manch Melodie.

Die Noten, die sind längst geschrieben,
In unserem Stück der Ewigkeit.
Und mancher wär so gern geblieben,
Doch endlich ist, was uns hier bleibt.

Wie unterschiedlich sind doch all die Lieder,
Wie schön ihr Text, wie tief ihr Sinn.
Manch's hört man immer wieder,
Manch's klingt wie schöner Neubeginn.

Als wären wir selbst die Instrumente,
Auf denen Töne sphärisch klingen.
So sind und bleiben wir Talente,
Die ihre Stücke selber singen.

Unter der Birke

Unter der Birke, bei meinem Lieben,
Bin ich gesessen, mein Leben verbracht.
Stunden der Stille, bei ihm doch geblieben,
Sehnsuchtsversunken, geweint und gelacht.

Trotz aller Zweifel, kein Klagen, kein Ach,
In mich gekehrt, zieht ein doch die Nacht.
Die Tage vergehen, so ich bei ihm wach,
Leg ab ich die Rose, am Grabe so sacht.

Sommerende

Wo bist du hin, mit deinen warmen Tagen,
Du schenktest mir so viel vom Licht.
So will ich aufrecht danke sagen,
Doch „deine Meinung" ändert`s nicht.

Du ziehst hinfort, ganz still und leis,
Nimmst Abschied, so wie`s dir behagt,
Und auf mein Flehen und Geheiß,
Bleibt uns die Zukunft doch versagt.

Ich seh dich noch, du winkst mir zu,
Und streichelst mich ein letztes Mal,
Ganz innig sind wir, ich und du,
Die Jahreszeit lässt keine Wahl.

So lass ich los von dir, versage mich,
Ergebe mich dem Kreis der Zeiten,
Wie schnell doch unsre Weil verstrich,
Will ich mit Dir zum Nebel schreiten.

Herbst am Riegsee

Über Wipfel zieht der Nebel,
Grauer Schleier bricht das Licht.
Über Hügel hängen Schwaden,
Tiefe Wolken hüllen die Sicht.
Kreisend bläst des Windes Spiel,
Nebelflecken über Grund.
Tanzend, wogend, ohne Ziel,
Herbstlich grüßt die Morgenstund.
Nur ganz zaghaft zieht die Wärme,
Über Auen ein ins Land.
Und der Nebel in der Ferne,
Über`m See im Nichts verschwand.
Jetzt glänzt schillernd, bunt entgegen,
Mir das Ufer rings umher.
Gelb und grün, die Blätter wehen,
Treibt der Herbst sie vor sich her.
Wirbeln hoch und sanft hernieder,
Manches schwimmt im nassen Grabe.
Und Natur singt schönste Lieder,
Herbst dein Leuchten ist die Farbe.

Jeder Herbst

Oh schöner Herbsttag, bunter Reigen,

Deine Strahlen die so mild,

Meine Gedanken sich verneigen,

Immerwährend dieses Bild.

Mag die Sonne sanft mich wärmen,

Nebel ziehen, lösen sich,

Mein Gemüt beginnt zu schwärmen,

Jeden Herbst und ewiglich.

Das Winterbächlein

Frostig fließt durch Winterauen,

Bächlein zart mit sanftem Schwang,

Auf den Grund ist kaum zu schauen,

Eis zieht sich des Weg`s entlang.

Und die Bäume fast erfroren,

Klammern sich an Ufers Grund,

Bis im Frühjahr aus den Poren,

Neues wächst, so schön und bunt.

Rauhnacht

Rauhnacht, Rauhnacht, so die Sage,
Lange Nächte gehen einher,
Heidnisch zieht am Thomastage,
Durch das Land ein Geisterheer.

Zur Vertreibung der Dämonen,
Tanzen, Masken, Fell behangen,
Dort im Dunkel Geister wohnen,
Die im Traum zu uns gelangen.

Uns zu fürchten, uns zu lehren,
Übles Treiben der Gesellen,
Weihrauch, Weihrauch uns zu wehren,
In den Häusern, in den Ställen.

Doch die Christnacht uns zur Seite,
Haltet ein das dunkle Spiel,
Göttlich Licht sich nun verbreite,
Auf die Menschheit niederfiel.

Auf die Nächte, die so finster,
Auf die Tage, die kaum hell,
Weist uns Christ das Licht am Fenster,
Ist uns nah und stets zur Stell.

Für Thomas

Weihnachtsfreuden

Freudestrahlend dieser Tage,
Bunte Lichter Weihnachtszeit,
Aller Kinder eine Frage,
Ringsherum so tief verschneit.

Und ein Funkeln in den Augen,
Ihrer Herzen ein Gehör,
Mag man noch ans Christkind glauben?
Freude, Freude bitte sehr.

Eine Liste voll der Träume,
Duftend ist das Haus bestückt,
Heller Glanz in alle Räume,
Und vor Frohsinn ganz entzückt.

So wie hier im ganzen Lande,
Wohlig warm am Baum die Kerzen,
Strahlt des Friedens zarte Bande,
Durch die Nacht in Kinderherzen.

Island

Einer Schönheit nie begegnet,
Deren Ursprung noch im Schwang,
Deren Landschaft Gott gesegnet,
Unsern Augen Lieder sang.

Wie Gemälde, ewig thronend,
Gletscher, Flüsse und Kaskaden,
Deren Anblick ewig lohnend,
Ins Gedächtnis eingeladen.

Feuer spuckende Vulkane,
Stets bereit die Glut zu speien,
Lässt uns ängstlich doch erahnen,
Mächtig ihrer Last befreien.

All das Brodeln der Geysire,
Offne Erde, tiefe Spalten,
Trolle, Feen und Gestalten,
Ruht in Island, Gott erhalten.

Für Ariane und Hennes

Donau

Strom der Sehnsucht, tief und blau,
Schiffe ziehen durch grüne Auen,
Eingetaucht in die Wachau,
Landschaft die so schön zu schauen.

Hügel die dem Fluß zu Füßen,
Hänge voll mit besten Reben,
Früchte die vom Wege grüßen,
Mönche die nach Eintracht streben.

Donau du bist auserwählt,
Stetig diesen Weg zu schreiten,
Mögest du so schön beseelt,
Ruhig dein Wasser ostwärts leiten.

Wüstenregen

Wenn Tropfen die auf Sand getroffen,

Des Wunders schönste Blüten tragen.

Und Wüstenblumen, die nun offen,

Der Welten Schönheit danke sagen.

So zeigt uns dies, wie einzig doch,

Das Leben ist an solchen Tagen.

Erinnerung

Wenn Tage nur der Hauch einer Erinnerung sind,

Die Momente längst davongezogen,

Wenn alles verweht wie lauer Wind,

So scheint dein Leben selbst verflogen.

Wenn frisch jedoch dein Geist, nach dem was war,

Erinnerung nach Jahr und Tag, wie gestern offenbar,

Scheint sie als Schatz des eignen Lebens,

Scheint sie als Glück für immer da.

Herbst

Wenn Blätter wild im Winde tanzen,

Beschwingt und voller Leichtigkeit.

Wenn Baum, selbst Wälder sich verwandeln,

Umhüllt vom wärmsten Farbenkleid.

Dann ist dies wohl der schönste Abschied,

Welch die Natur dem Sommer bringt.

Und müsst Romantik ich beschreiben,

So wär`s der Herbst,

Mit seinen Farben, Sonnenstrahlen und dem Wind.

Gedicht meiner Tochter Laura Weyh

Zeitvergessen

Zeitvergessen in Gedanken,

Träum ich von der Lebenslust,

Von den Tagen, Stunden, Dingen,

Die mir jetzt so sehr bewusst.

Da sie mir verwehrt im Ganzen,

Jäh vergrämen all mein Tun,

Vögel singen, luftig, tanzend,

Ich jedoch muss in mir ruhen.

Doch der Zauber aller Einkehr,

Ist das Schwelgen in den Träumen,

Die schon bald mit mir einher,

Meine Wege neu mir säumen.

Inhalt: